FEED ME! NO, FEED <u>ME</u>! NO, <u>ME</u>!

WHY ARE WE SO HUNGRY?

¡DAME COMIDA! NO, ¡DÁMELA! ¡<u>NO, ME</u>!

¿POR QUÉ TENEMOS TANTA HAMBRE?

BIRD SERIES VOL. 7
SERIE DE AVES
1ST EDITION

AUTHOR/AUTORA and/y PHOTOGRAPHER/FOTOGRÁFA: CAROL CREAGER

Feed Me! No, Feed Me! No, Me!
All Rights Reserved.
Copyright © 2020 Carol Creager
v2.0 r.1.1

The opinions expressed in this manuscript are solely the opinions of the author and do not represent the opinions or thoughts of the publisher. The author has represented and warranted full ownership and/or legal right to publish all the materials in this book.

This book may not be reproduced, transmitted, or stored in whole or in part by any means, including graphic, electronic, or mechanical without the express written consent of the publisher except in the case of brief quotations embodied in critical articles and reviews.

Outskirts Press, Inc.
http://www.outskirtspress.com

ISBN: 978-1-9772-2738-6

Cover and Interior Photos by: Carol Creager. All rights reserved - used with permission.

Outskirts Press and the "OP" logo are trademarks belonging to Outskirts Press, Inc.

PRINTED IN THE UNITED STATES OF AMERICA

To all those who are hungry to learn how to live good lives. To all my students who were hungry for knowledge and contributed to our stories in class, stimulating me to develop stories. To all my teachers, friends, and colleagues who helped me along the way in Hiram College, Indiana University, University of California, Universidad de Zaragoza in Spain, Davis and Elkins College, Warren Wilson College, and Saint Andrew's School.

A todos que tienen hambre para aprender a vivir buenas vidas. A todos mis estudiantes que tenían hambre para conocimiento y contribuyeron a nuestros cuentos en la clase, estimulándome a desarrollar mis cuentos. A todos mis profesores, amigos, y colegas que me ayudaban en mi camino en Hiram College, Indiana University, University of California, la Universidad de Zaragoza en España, Davis and Elkins College, Warren Wilson College, y Saint Andrew's School.

We three babies have so very much to learn and so little time to learn it all. We are hungry for food now and knowledge later.

Nosotros tres nenes tenemos tanto que aprender y tan poco tiempo para aprenderlo todo. Tenemos hambre para la comida ahora y la sabiduría más tarde.

Who are we? Juanito, Juanita, y Pepito, three blue-and-white swallows.

¿Quiénes somos? Juanito, Juanita, y Pepito, tres golondrinas azules y blancas.

We have to eat almost constantly now to grow up in one summer. People have so much time to grow up; we don't.

Tenemos que comer casi constantemente para hacernos adultos en un verano. La gente tiene tanto tiempo para crecer; los pájaros, no.

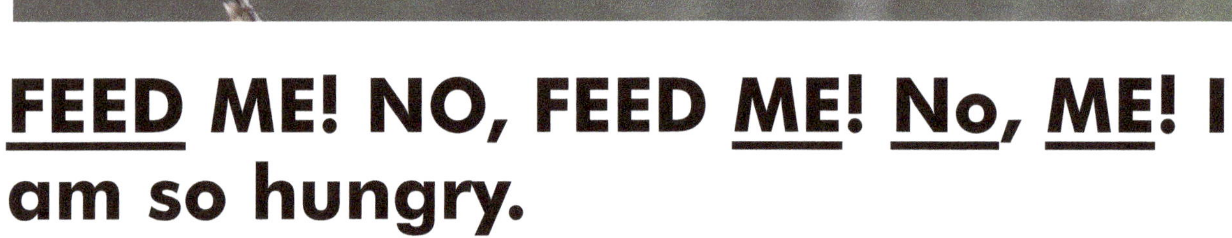

FEED ME! NO, FEED ME! No, ME! I am so hungry.

Dame <u>comida</u>. No, dá<u>me</u>la. No, dámela <u>a mí</u>.

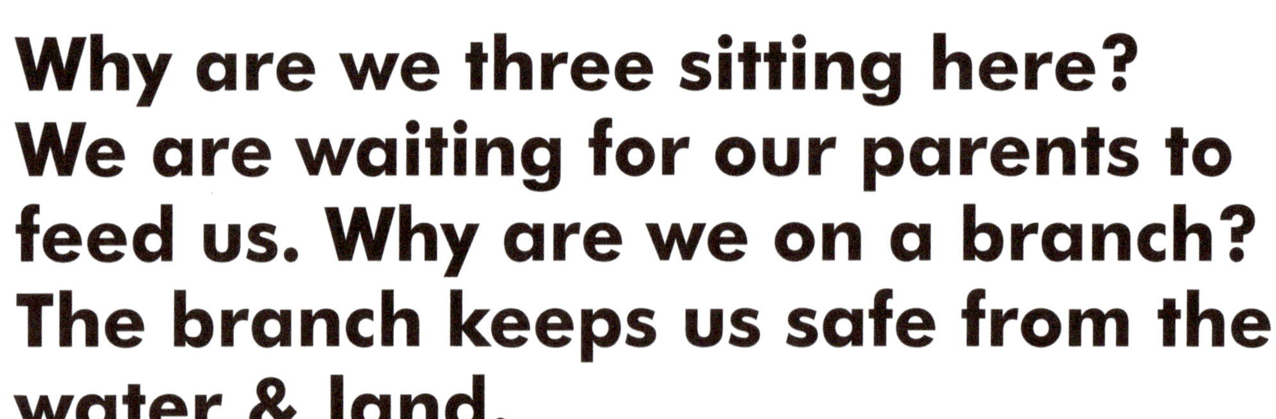

Why are we three sitting here?
We are waiting for our parents to
feed us. Why are we on a branch?
The branch keeps us safe from the
water & land.

¿Por qué estamos los tres sentándonos aquí? Estamos esperando que los padres nos dan comida. ¿Por qué estamos en el palo? El palo nos guarda seguros del agua y de la tierra.

Who am I? **A parent who has to fly almost constantly in order to catch insects to sustain me and to sustain my children, who are always hungry.**

¿Quién soy yo? Uno de los padres. Tenemos que volar casi constantemente para coger los insectos para sostenernos y para sostener a nuestros hijos, que siempre tienen hambre.

El Padre: **Sometimes we rest a few minutes on a passing boat.**

Los Padres: A veces descansamos unos minutos en un barquito que pasa.

La Madre: **Where do we live? Caño Negro Wildlife Refuge in the north of Costa Rica.**

What is Caño Negro? The third most important wetland in the world.

La Madre: **¿Dónde vivimos? Caño Negro Refugio Nacional de Vida Silvestre en el norte de Costa Rica.**

¿Qué es Caño Negro? Es el tercer más importante humedal del mundo.

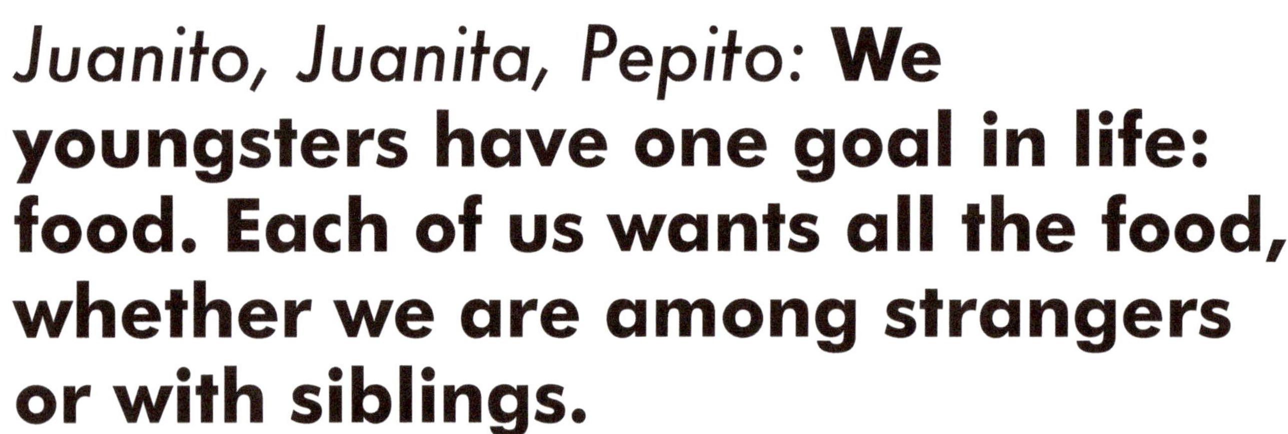

Juanito, Juanita, Pepito: **We youngsters have one goal in life: food. Each of us wants all the food, whether we are among strangers or with siblings.**

Pepito: **Tenemos una meta en la vida: la comida. Cada uno quiere toda la comida, si estamos con los extranjeros o si estamos con los hermanos.**

Juanito y Juanita: **Why are we so hungry? We are growing very fast to become independent adults in one summer. You do not have to grow so fast, because your parents will take care of you for years.**

Juanito: **¿Por qué tenemos tanta hambre? Estamos creciendo muy rápidamente para hacernos adultos independientes en un verano. No tienes que crecer tan rápidamente, porque tus padres van a cuidarte por muchos años.**

When an adult mangrove swallow flies toward us, we call and flap our wings. Who cares whose parent it is or whose turn it is?

Cuando un adulto vuela hacia nosotros, gritamos y usamos las alas. ¿A quién le importa cuál de los padres es o a quién le toca?

What is each of us hoping? That whichever parent it is will be confused and feed me.

¿Qué esperamos cada uno de nosotros? Que cualquier padre es, se confundirá y me dará la comida.

I beg with a wide gape. What is a gape? A very wide-open mouth. With good luck, the parent of another baby will still drop an insect into my wide gape.

Pido comida con la boca abierta muy ancha. Con buena suerte, el padre o la madre de uno de los otros aún pondrá un insecto en la boca.

Mother: Do you have any idea how many insects they need to fill their tummies? Only we know. We have to catch all the insects while flying, and we have to catch enough to feed ourselves as well.

Madre: **¿Tienes una idea de cuántos insectos necesitan para llenar los estómagos? Sólo los padres sabemos. Tenemos que coger todos los insectos mientras volamos, y tenemos que coger bastantes para sostenernos también.**

Juanito: **This summer we must learn to fly and to catch our own tiny insects while flying.**

Juanito: **Tenemos tanto que aprender: a volar y a coger nuestros insectos tan pequeños mientras estamos volando.**

We also have to learn to dive
through the air to the water without
getting wet in order to catch insects
on the surface.

También tenemos que aprender a precipitarnos por el aire al agua sin mojarnos para coger los insectos en la superficie.

Pepito: **Many birds and people never learn to care about others. We still have to learn. How can we grow up if we never learn something as important as caring for and helping others?**

Pepito: **Muchos pájaros y personas nunca aprenden a tener cuidado de los otros. Aún tenemos que aprender. ¿Cómo podemos madurarnos si nunca aprendemos nada tan importante como cuidar de y ayudar a los otros?**

Juanita: **We have a lot to learn about caring, sharing, working, loving, all the important virtues.**

Juanita: **Tenemos mucho que aprender de cuidarnos, compartir, trabajar, amar, todas las virtudes importantes.**

www.ingramcontent.com/pod-product-compliance
Lightning Source LLC
Chambersburg PA
CBHW040403240726
48664CB00013B/1721